EXPOSITION UNIVERSELLE DE PARIS

En 1878

SECTION FRANÇAISE — CLASSE 19 — GROUPE III

Paul BITTERLIN Fils

Artiste peintre-graveur-verrier

RUE DE L'UNIVERSITÉ, 127

PARIS

PARIS

IMPRIMERIE TYPOGRAPHIQUE DE A. POUGIN

13, QUAI VOLTAIRE, 13

MDCCCLXXVIII

EXPOSITION UNIVERSELLE DE PARIS

En 1878

SECTION FRANÇAISE — CLASSE 19 — GROUPE III

Paul BITTERLIN Fils

Artiste peintre-graveur-verrier

RUE DE L'UNIVERSITÉ, 127

PARIS

PARIS

IMPRIMERIE TYPOGRAPHIQUE DE A. POUGIN

13, QUAI VOLTAIRE, 13

—

MDCCCLXXVIII

PAUL BITTERLIN FILS

Artiste peintre-graveur-verrier

RUE DE L'UNIVERSITÉ 127

PARIS

1863. Exposition des Beaux-Arts appliqués à l'Industrie. Prix d'honneur. — Médaille d'or.

1865. Exposition des Beaux-Arts appliqués à l'Industrie. Rappel de la Médaille d'or.

1867. Exposition universelle de Paris. Médaille de bronze.

1873. Exposition universelle de Vienne. Médailles de progrès et de mérite.

1874. Exposition des Beaux-Arts appliqués à l'Industrie. Hors concours. — Vice-président du jury de sa section.

1875. Exposition de Blois (France). Diplôme d'honneur.

1876. Exposition de Philadelphie. Médaille.

1876. Exposition des Beaux-Arts appliqués à l'Industrie. Hors concours. — Président du jury de la céramique et de la verrerie.

HISTORIQUE

DE

LA GRAVURE SUR VERRE

A L'ACIDE FLUORHYDRIQUE

Nul n'a jamais contesté à *M. Paul Bitterlin* le droit de prétendre à la *priorité* de la GRAVURE DÉCORATIVE sur verre.

Toujours ce droit lui a été reconnu par les jurys internationaux ou nationaux qui lui ont fait l'honneur de le juger.

Néanmoins, comme « bon droit a besoin d'aide, » il croit utile de retracer rapidement, dans une courte notice, la marche progressive de l'invention dont il a enrichi les arts industriels.

En 1862, il exposait à Londres, parmi les produits de la maison Raabe et Ce, de Rive-de-Gier, avant que personne y eût songé, les premiers spécimens de la gravure MODELÉE. Les Anglais avaient bien obtenu comme lui, en 1855, *des enlevages blancs sur couleur*, mais ils n'avaient pas poussé plus loin leurs travaux. Dans les autres pays, rien d'appréciable n'avait paru.

En 1863, à Paris, aux Beaux-Arts appliqués à l'industrie, il arrachait un cri d'admiration (sic) aux hommes compétents, et il était récompensé de ses efforts par la grande médaille d'honneur.

En 1865, la médaille d'or lui était de nouveau décernée.

En 1867, il obtenait à l'Exposition universelle de Paris la plus haute récompense de la section à laquelle il appartenait.

En 1873, à l'Exposition universelle de Vienne, il obtenait les médailles de progrès et de mérite, avec une NOUVELLE APPLICATION des plus importantes. Obligé, jusqu'en 1868, de recourir pour les *mattages* à un moyen mécanique, il ne pouvait atteindre à la décoration sur *fond transparent* sans devoir cerner son dessin par un large trait de gravure; ce qui, dans certains cas, nuisait relativement à l'effet; et, dans d'autres, empêchait toute une série de travaux.

Depuis lors, il a mis en circulation, par des produits nombreux, l'obtention pratique d'un procédé de mattage qui permet d'obtenir la *gravure directe sur fond transparent*, amélioration considérable, qui l'a conduit à la possibilité de tout interpréter sur le verre et sur la glace. De nombreuses tentatives de mattage ont été faites par d'autres que lui, mais sans résultats très-pratiques, sur surfaces planes. M. Bitterlin se réserve de le démontrer, s'il y a lieu. S'il n'a pas pris de brevet pour sa méthode, c'est que son procédé ne repose absolument que sur une action chimique très-simple, au lieu d'être composé comme celle des autres systèmes.

En 1874, à l'Exposition des Beaux-Arts appliqués à l'industrie, mis hors concours par le fait des récompenses antérieures, il était nommé, par les exposants eux-mêmes, membre du jury de sa section et élevé à la vice-présidence par ses collègues.

En 1876, à l'Exposition universelle de Philadelphie, il obtenait la médaille.

En 1876 également, à l'Exposition des Beaux-Arts appliqués à l'industrie, il était nommé président du jury de la céramique et de la verrerie.

Il se présente à l'EXPOSITION UNIVERSELLE DE PARIS :

1° Avec un procédé breveté, permettant la *modification des surfaces siliceuses* par un nouvel emploi de l'acide fluorhydrique, d'où résulte un VERRE GRANULEUX n'ayant rien perdu de sa *coloration native*, et dont l'effet varié, puissant et riche, est très-décoratif, contrairement aux produits d'autres tentatives, étrangères ou françaises, mécaniques ou chimiques ; procédés qui modifient la teinte du verre, la rendent trop sourde, trop laiteuse, sans parler d'une uniformité anti-artistique ;

2° Avec une nouvelle application *d'émaux* EN RELIEF ; d'émaux TRANSLUCIDES ; d'émaux TRANSPARENTS ; par des procédés personnels ;

3° Avec un procédé, personnel également, de SCULPTURE VITRIFIABLE sur verre.

M. P. Bitterlin avoue, sans fausse modestie, qu'il tient très-fort à garder sa place à la tête de l'industrie décorative qu'il a créée. Chaque pas en avant, chaque progrès, jusqu'à présent, sont de lui et non point de ceux qui, après avoir ébauché leur éducation dans son laboratoire ou ses ateliers, essayent de lui faire une concurrence un peu vaine. M. P. Bitterlin est si bien reconnu le créateur de la *gravure modelée*, telle qu'elle est pratiquée en France et commence à l'être à l'étranger — surtout depuis l'Exposition de Vienne — qu'il a été appelé, plusieurs fois, par MM. les professeurs de la Sorbonne et du Conservatoire des Arts-et-Métiers, pour la démonstration, dans leurs cours, des différents procédés de l'attaque des matières vitrifiables par l'acide fluorhydrique.

Parmi les travaux de grande décoration exécutés depuis vingt ans par M. P. Bitterlin, il peut citer :

Les plafonds lumineux des théâtres de la Ville de Paris : Châtelet, Lyrique, Gaîté, Vaudeville ;

Le grand dôme du Tribunal de commerce de Paris ;

Le plafond de la Chambre des pairs de Lisbonne ;

Les travaux décoratifs du Sénat et de la Chambre des députés de Belgique ;

Ceux de la Chambre du conseil provincial de Bruxelles ;

Le grand plafond de la salle particulière de la Ville de Paris à l'*Exposition universelle actuelle*, etc., etc.

L'importance de la maison Bitterlin, datant de 1855, a été consacrée par le titre de notable commerçant et par son chiffre d'affaires : une moyenne de fr. 400,000 de grands travaux décoratifs annuels.

CATALOGUE

DES OBJETS EXPOSÉS

Par Paul BITTERLIN

A L'EXPOSITION UNIVERSELLE DE PARIS EN 1878.

No 1. — Mise en plomb, style égyptien, tout en gravure *sur verre granuleux*.

No 2. — Mise en plomb, style arabe, quinzième siècle, peinture et gravure.

No 3. — Mise en plomb, style Renaissance, gravure, peinture, émaux.

No 4. — Glace de 2 m. 86 c. sur 1 m. 56 c., style néo-grec, gravure *modelée* sur fond *transparent*.

No 5. — Mise en plomb, style François Ier, gravure modelée.

Première Travée

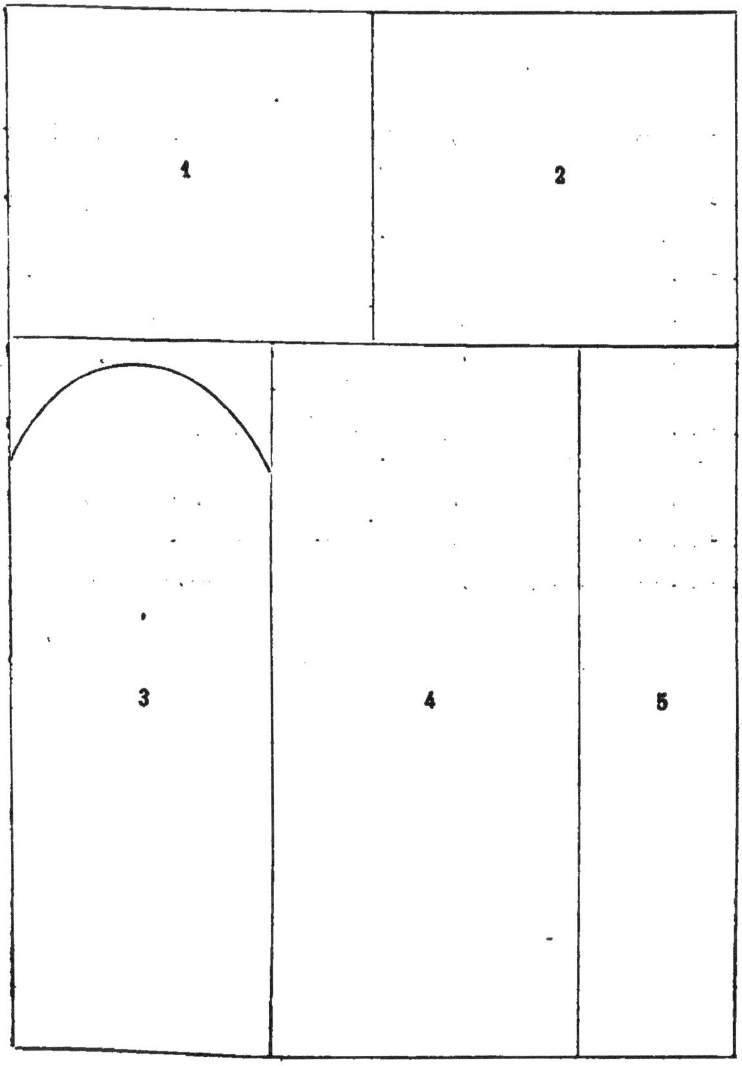

Première Travée

Nº 6. — Mise en plomb, style grec ancien, émail noir, peinture
sur *verre granuleux*.

Nº 7. — Mise en plomb, style indien, gravure et peinture, bordure
sur *verre granuleux*.

Nº 8. — Mise en plomb, style russe, quinzième siècle, gravure.

Nº 9. — Mise en plomb, style Louis XIII, peinture.

Nº 10. — Mise en plomb, style russe, quinzième siècle, gravure,
peinture, sur *verre granuleux*.

Nº 11. — Mise en plomb, style Louis XV, peinture et émaux,
sur *verre granuleux*.

Nº 12. — Mise en plomb, style chinois, gravure, peinture, émaux.

Nº 13. — Mise en plomb, style Henri II, peinture.

Nº 14. — Mise en plomb, style Elisabeth, peinture, émaux.

Deuxième Travée

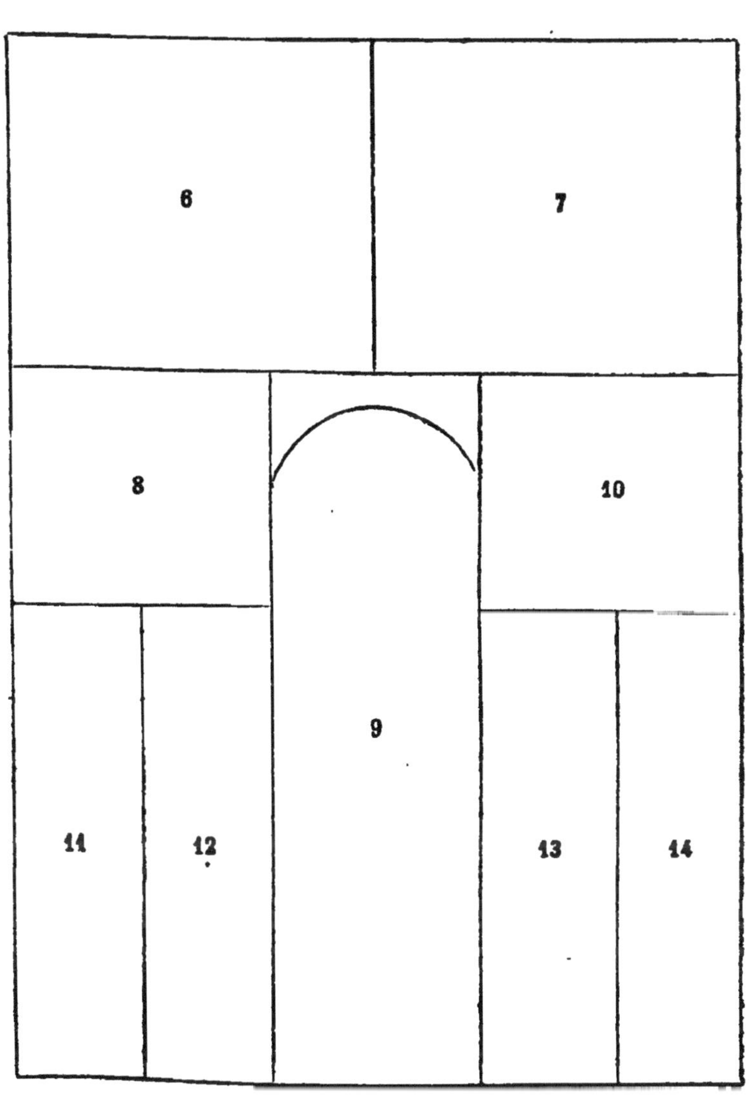

No 15. — Mise en plomb, style arabe, dix-huitième siècle, gravure
peinture et émaux.

No 16. — Mise en plomb, style arabe, peinture.

No 17. — Mise en plomb, style Moyen Age, gravure et application
de cristaux taillés et de cabochons, sur *verre granuleux*.

No 18. — Mise en plomb, style byzantin, gravure.

No 19. — Carreau, style russe, seizième siècle, gravure sur verre
rouge et émaux *non cernés*.

No 20. — Mise en plomb, style seizième siècle, hallebardier, peinture, gravure, émaux.

No 21. — Mise en plomb, oiseaux, peinture et émaux, sur *verre
granuleux*.

No 22. — Mise en plomb, style arabe, seizième siècle, gravure sur
verre granuleux.

No 23. — Carreau, style égyptien, gravure sur verre rouge, peinture, émaux.

No 24. — Mise en plomb, portrait de *Madame*, peinture et verre
granuleux.

No 25. — Carreau, style russe, gravure sur verre rouge, peinture
et émaux.

Troisième Travée

15

16

17

18

19

21

20

22

23

24

25

N⁰ 26.   Mise en plomb, style Renaissance, peinture et émaux, sur *verre granuleux*.

N⁰ 27. — Mise en plomb, style persan, gravure et émaux.

N⁰ 28. — Carreau, style russe, seizième siècle, gravure sur verre rouge avec réapplication d'émaux sans cernés.

N⁰ 29. Mise en plomb, style arabe, gravure et peinture.

N⁰ 30. — Carreau, style russe, quinzième siècle, gravure sur verre rouge, émaux non cernés, *verres granuleux*.

N⁰ 31. — Mise en plomb, style arabe, dix-huitième siècle, gravure et peinture.

N⁰ 32. — Mise en plomb, style Louis XIII, peinture.

N⁰ 33. — Mise en plomb, style Louis XIII, peinture.

N⁰ 34. — Mise en plomb, mélange de styles, gravure, peinture émaux, sur *verre granuleux*.

Quatrième Travée

No 35. — Glace de 4 m. 10 c. sur 2 m. 70 c., style Renaissance, gravure modelée.

No 36. — Echantillons de verres *granuleux*; granulations *diverses.*

No 37. — Echantillons de verres *granuleux*; granulations *diverses.*

No 38. — Echantillons de verres *granuleux*; granulations *diverses.*

No 39. — Echantillons de verres *granuleux*; granulations *diverses.*

No 40. — Echantillons de verres *granuleux*; granulations *diverses.*

No 41. — Echantillons de verres *granuleux*; granulations *diverses.*

No 42. — Peinture, émaux.

No 43. — Gravure, peinture, émaux.

No 44. — Peinture, émaux.

No 45. — *Procédés nouveaux.* — Meuble style Renaissance avec *panneaux*, représentant les attributs de la gravure et de la peinture sur verre :

Panneau du milieu, émaux et *barbotine.* — Ceux de droite et de gauche, *sculpture* vitrifiée. — Ecoinçons du haut, émaux *en relief.* — Rond central du bas, sculpture vitrifiée. — Rectangles de droite et de gauche, émaux et barbotine.

No 46. — Cadre, émail noir sur verre blanc émaillé.

No 47. — Cadre, émail noir sur verre blanc émaillé.

No 48. — Cadre, gravure, émaux *translucides* et *transparents* (procédés personnels).

Cinquième Travée

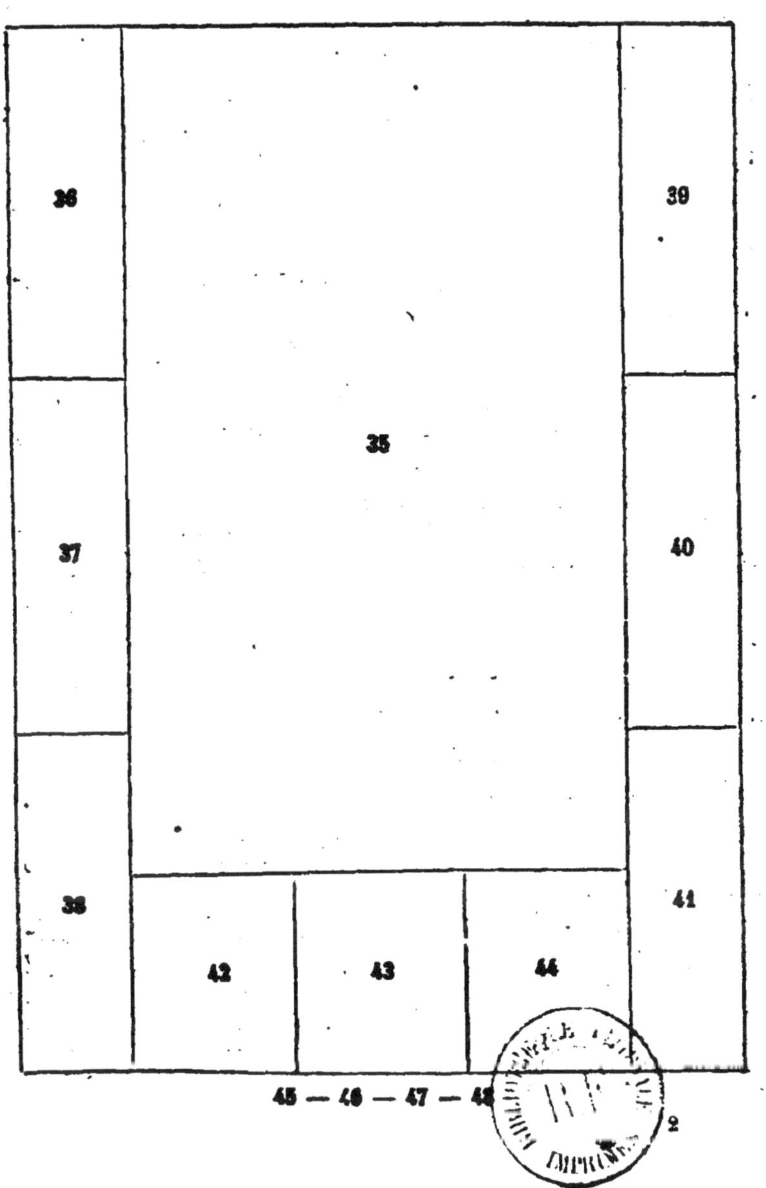

COLLABORATIONS INDUSTRIELLES

1° *Exposition du Ministère des Travaux Publics.* — Organisateur, M. de Dartein, ingénieur des ponts et chaussées.

Cabinet du Ministre. — Un plafond, style arabe, seizième siècle, gravure et émaux;

Une fenêtre, en verre *granuleux*, avec mise en plomb.

Petites salles du pavillon. — Une glace, gravure modelée;

Une fenêtre, style François I*er*, mise en plomb et gravure sur verre de couleur.

Escalier conduisant au phare. — Autre fenêtre, même genre de travail.

2° *Exposition du Ministère des Finances.* — Organisateur, M. Letixerant, ingénieur en chef.

Pavillon de l'Administration des Tabacs. — Toute la décoration des baies vitrées.

Fenêtres du rez-de-chaussée, mise en plomb et verre *granuleux;*

Portes, gravure sur glace;

Fenêtres du haut, mise en plomb et verre ordinaire.

3° *Exposition de la Ville de Paris.* — Architecte, M. Bouvard.

Plafond, en cinq travées, de 800 mètres superficiels : gravure sur verre blanc. Application *en grand* du procédé de mattage, créé et présenté à Vienne par M. Bitterlin, permettant d'obtenir une *tonalité générale.*

N. B. — Si MM. les jurés veulent bien prendre la
peine de parcourir les pièces et les extraits qui sui-
vent, ils verront comment était appréciée, *dès 1863*,
la découverte de M. Paul Bitterlin.

RAPPORT DU JURY

DE

L'EXPOSITION DES BEAUX-ARTS APPLIQUÉS A L'INDUSTRIE

AU PALAIS DES CHAMPS-ÉLYSÉES, EN 1863

———

Sire,

Votre Majesté a honoré deux fois l'Exposition consacrée, dans le Palais des Champs-Elysées, aux arts industriels...

Votre Majesté s'est surtout montrée satisfaite de ce que cette œuvre ait été projetée, organisée et conduite à bonne fin par *l'initiative privée*, en dehors de toute participation du Gouvernement.

C'est pour constater cette approbation que, d'accord avec Son Excellence le Ministre de la Maison de l'Empereur et des Beaux-Arts, j'ai l'honneur de proposer à Votre Majesté d'accorder la décoration de la Légion d'honneur à M. Guichard, Président de la Commission d'organisation, etc.

Le Ministre des Travaux publics,
ARMAND BÉHIC.

———

Discours de M. le baron TAYLOR, *Président d'honneur de l'Exposition.*

... Un jury, composé de personnes spéciales dans les ciences et dans les arts, et d'artistes éminents, a mis un soin scupuleux à l'examen des produits que vous avez exposés.

240 médailles vont vous être distribuées, et, de plus, 5 médailles d'or au nom de l'Empereur, et 5 autres médailles d'or accordées par Sa Majesté l'Impératrice au nom du Prince Impérial.

Discours de M. TRESCA, *sous-directeur au Conservatoire des Arts et Métiers, Vice-Président du Jury.*

... Il y a quelques années encore, la *gravure sur verre* par les acides était plutôt entrevue qu'utilisée. On ne s'attendait guère à ce qu'entre les mains de M. PAUL BITTERLIN fils, l'architecture y trouverait de puissants moyens de décoration que l'Exposition actuelle a rendus publics.

Rapport de la quatrième Section

CÉRAMIQUE

FRAGONARD, *Président*; DALLOZ, DARDENNÉ DE LA GRAN-GERIE, DELAMARRE fils, FRANÇOIS, ROCRIEUX, SALVETAT, Comte H. DE VIEL-CASTEL, *Membres.*

... Parmi les produits de la verrerie et de la cristallerie, le jury a surtout apprécié ceux dont la décoration est obtenue par la gravure à l'acide fluorhydrique.

Le jury a décerné deux médailles aux industriels qui lui ont paru faire l'application la plus heureuse de cette nouvelle et curieuse méthode de gravure.

Une médaille de 1ʳᵉ classe. — M. Bitterlin fils (Paul),
peintre-graveur-verrier. — Le jury, en accordant une
première médaille à M. Bitterlin, récompense la série
des travaux de cet artiste qui, en se servant des procédés
de gravure par l'acide fluorhydrique, a fait faire un im-
mense progrès à la décoration des édifices publics et des
maisons particulières. L'importance et la variété de son
exposition ont été sérieusement appréciées par le jury.

Une médaille de 2ᵉ classe. — M. Kessler, ingénieur,
pour ses cristaux décorés à Baccarat au moyen de l'acide
fluorhydrique, avec impression de la réserve (procédé
Kessler).

Délibérations relatives aux médailles d'or.

Sa Majesté l'Empereur, ayant voulu manifester sa
haute bienveillance pour l'avancement de l'art appliqué
à l'industrie, a mis à la disposition du jury neuf médailles d'or pour être décernées aux artistes et aux fabri-
cants qui se seraient distingués par un mérite excep-
tionnel.

Pour répondre au mandat dont il se trouvait investi,
le jury a consacré plusieurs séances spéciales pour ré-
partir entre les exposants des différentes classes, dont
les produits étaient les plus remarquables, les médailles
d'or ainsi mises à sa disposition.

Les neuf médailles ont été décernées :

1. M. M. BAUDRIT, Compositions en fer repoussé.
2. M. BITTERLIN : En donnant un nouvel essor aux applications de la gravure sur verre, à l'aide des
   acides, il a fourni à l'architecture de nouveaux
   moyens de décoration d'un grand intérêt.

3. M. Carrier-Belleuse, sculpteur, etc.
4. M. Duloz, graveur, etc.
5. Ecole des Beaux-Arts de Toulouse, etc.
6. MM. Ganselme et Godin, ébénistes, etc.
7. M. Lequien père, fondateur de la première grande Ecole industrielle, à Paris.
8. Mauguin, architecte.
9. M. Prignot, dessinateur.

Choisis parmi les exposants auxquels des médailles de première classe avaient d'abord été accordées, ces artistes se sont tous placés au premier rang par les services qu'ils ont déjà rendus à l'art industriel.

Les pièces nous manquent sur l'Exposition universelle de Paris de 1867.

Extrait du rapport sur la céramique et la verrerie, par M. VICTOR DE LUYNES, membre du jury international (section française), à l'Exposition universelle de Vienne, en 1873.

Page 54. — M. Bitterlin, à qui revient la *priorité* de la gravure *décorative* sur verre, s'est livré, depuis 1855, avec ardeur à l'étude de cette gravure; et déjà en 1863, il était arrivé à des résultats extrèmement remarquables. Artiste distingué, il a su faire de ses verres gravés de véritables œuvres d'art. On lui doit déjà en France et en Europe des travaux considérables : les plafonds lumineux des théâtres Lyrique, du Châtelet, de la Gaîté, du Palais législatif de Paris, de la Chambre des Pairs de Lisbonne, etc. Depuis 1868 il a créé un nouveau genre de mat qui lui permet d'obtenir la gravure directe sur fond transparent et lui donne les moyens de repro

-duire tous les effets possibles sur verre et sur glace. L'Exposition de Vienne a mis une fois de plus en évidence son talent d'artiste et son habileté de graveur.

***

UNION CENTRALE DES BEAUX-ARTS APPLIQUÉS A L'INDUSTRIE

EXPOSITION DE 1874

Rapport de la quatrième Section

CÉRAMIQUE, VERRERIE

Albert JACQUEMART, *Président*; Paul BITTERLIN fils, *Vice-Président*; Philippe BURTY, *Secrétaire-Rapporteur*; Th. DECK, A. DUBOUCHÉ, L. PARVILLÉE, *Membres.*

Ici encore nous rencontrons un exposant que ses récompenses aux Expositions antérieures mettent hors de concours. M. Paul Bitterlin fils, peintre-graveur-verrier, obtenait chez nous une médaille d'or dès 1863, et un rappel en 1865. Les récompenses de premier ordre à l'Exposition universelle de Vienne sont venues confirmer officiellement les jugements des jurys nos prédécesseurs. La science unie au sentiment de l'art, le chimiste doublé d'un artiste difficile à satisfaire ont doté notre pays et par suite le monde entier d'une industrie d'un caractère essentiellement moderne : *la gravure sur verre à l'aide de l'acide fluorhydrique.* Nous n'avons pas à rappeler les dangers, les difficultés de toute nature que multipliait l'emploi du plus corrosif des acides connus. Les résultats sont sous nos yeux; jamais ce procédé n'avait donné des tons aussi justes, un dépoli aussi égal, une matité aussi transparente, des valeurs aussi voilées et aussi variées. Dans le salon de la nef, particulièrement, une grande glace gravée, qui a pour donnée décorative l'*Automne*, offre dans le modelé des nus et des draperies, des fruits, des fleurs et des ornements, une douceur, une limpidité diffuse et rayonnante, incomparables. Un vitrail en grisaille dans le goût de la Renaissance, sur fond transparent; un carreau, de style égyptien, sur un fond rouge-rose, qui a comme la vibration d'un émail de paillon, et nombre d'autres pièces d'une harmonie franche et d'une réussite parfaite ont longuement arrêté notre attention.

EXPOSITION INTERNATIONALE 1876

CERTIFICAT

ADJUGEANT LA MÉDAILLE A PAUL BITTERLIN FILS

VITRAUX PEINTS

Pour bons dessins et qualités.

LA COMMISSION INTERNATIONALE DES ÉTATS-UNIS

Philadelphie, 27 septembre 1876.

EXPOSITION DE 1876

RAPPORT DU JURY DES CLASSES VIII ET IX RÉUNIES

*Art appliqué à la céramique. — Art appliqué à la verrerie
et aux émaux.*

PAUL BITTERLIN FILS, *Président*;
PH. BURTY, *Secrétaire-Rapporteur*.

Les mises hors concours de droit ne nous empêchent
point de signaler avec des éloges sans restriction l'exposition de *M. Paul Bitterlin fils*, peintre-graveur ver-
rier, auquel ses travaux artistiques sur *la gravure sur
verre* et sur *les émaux vitrifiés* ont fait une place à
part dans la haute industrie que chacun de nous sait
avoir été créée par lui, il y a plus de vingt ans, et qui,
depuis, a pris un si grand développement dans le monde
entier.

RENDUS-COMPTES

LA FRANCE

Du 25 novembre 1863

EXPOSITION DES BEAUX-ARTS APPLIQUÉS A L'INDUSTRIE (10ᵉ ARTICLE)

Gravure à l'acide fluorhydrique de M. Paul Bitterlin fils.

..... L'exposition de M. Bitterlin fils est une exposition décorative architecturale. L'agent dont se sert M. Bitterlin pour la gravure de ses plafonds en glace, de ses fenêtres, de ses vitraux, de ses glaces, qui ornent un pavillon à quatre faces de 80 mètres superficiels, construit dans le jardin de l'Exposition, est l'acide fluorhydrique, qui opère sur le verre en s'emparant de l'acide silicique qu'il renferme et en le décomposant instantanément.

Depuis une dizaine d'années, en France et en Angleterre, des chercheurs se sont appliqués à rendre usuel, malgré les dangers que présente sa préparation et la violence avec laquelle il détruit les tissus organiques, l'acide fluorhydrique. M. Bitterlin, un des premiers, a pu obtenir avec une netteté suffisante des enlevages qui, peu à peu, lui ont permis de graver la lettre en blanc sur couleur, le dessin courant à un seul ton ; en 1857, il s'attaquait à l'ornementation des *formes* en verre, en cristal simple et doublé, en porcelaine, en faïence, etc. ;

il obtenait en 1859 de très-belles gravures en *taille-douce* sur glace épaisse et touchait à la gravure en *haut relief* qui remplacera peut-être un jour la gravure sur bois.

M. Bitterlin expose aujourd'hui *toute une décoration nouvelle*, basée sur des effets spécialement dus encore à la décomposition des matières siliceuses par l'acide fluorhydrique. Entièrement maître de la morsure de cet agent énergique, il obtient, selon qu'il lui plaît, des cristallisations puissantes ou des adoucis atténués et, mettant à profit les jeux de la lumière réfractée diversement par autant de *grenus* qu'il est nécessaire d'en établir pour l'harmonie de la décoration, il arrive à *interpréter*, sur glace blanche, toute œuvre de dessin, quel qu'en soit le rendu.

La beauté de la matière employée ajoute à l'effet : non décorée, elle est froide et paraît nue. La Renaissance italienne l'avait ainsi compris. Tout palais de Rome, de Florence ou de Gênes témoigne d'efforts tentés par les artistes décorateurs du quinzième et du seizième siècle pour faire concourir la glace peinte ou gravée à la roue, à l'ornementation intérieure. — De nos jours, avec le retour du goût ou tout au moins de sa recherche, on a tenté de revenir au vitrail peint. Mais on l'a fait, la plupart du temps, sans grande connaissance de la matière, avec cet esprit de confusion qui témoigne de notre peu d'entente de la bonne décoration. — On a cru que les vitraux de nos vieilles églises, des vastes chapelles de nos anciens palais, — les admirables travaux des Levieil, des Pinaigrier, des Jacques de Haroi, des Félibien, etc., étaient le *nec plus ultra* de ce qui pouvait être fait, et, partant, ce qu'il y avait de mieux à employer en toute occasion ; et que, puisqu'ils produisaient un splendide effet dans les nefs des cathédrales gothiques, ils feraient non moins bien dans le kiosque d'un parc, le salon, le fumoir ou la salle à manger d'un château.— Cette erreur considérable ne pouvait longtemps durer. En effet, les imitations des anciennes verrières, avec leur mise en plomb trop lourde pour être vue de près; leurs émaux rendus à demi opaques par le feu, qui demandent un champ de 20 à 25 mètres pour reprendre leur transparence; leur salissure obligatoire, second émail d'un blanc teinté qui donne l'harmonie au travail; tout en elles devait les faire rejeter de nos habitations modernes à proportions réduites, la plupart du temps conçues dans le style néo-grec du dernier siècle, ou dans le style Louis XV.

La gravure, au contraire, avec ses transparences, ses diamantés, ses passages si délicats du ton majeur au blanc par des demi-teintes dégradées à l'infini, ses ornements pris dans la masse du verre, sa gamme générale qui s'harmonise sans obscurcir; ses émaux rapportés quelquefois, mais par appliques légères sur fonds pointillés, d'où naît un rompu de la matière colorante, qui la divise et la fait chatoyer comme des pierres fines; tout cet ensemble de qualités concourt à placer la fabrication de M. Bitterlin dans la catégorie de ces industries mi-scientifiques, mi-artistiques, riches en applications nombreuses; et ce qui le prouve, d'ailleurs, c'est que les architectes emploient chaque jour davantage *les glaces et les verres gravés Bitterlin* dans la décoration intérieure.

Notre époque ne produit rien de nouveau, répète-t-on sans apporter beaucoup de réflexion à cette condamnation du dix-neuvième siècle. — La gravure à l'acide fluorhydrique est cependant quelque chose de neuf. L'acide lui-même était à peu près inconnu à nos aïeux. — Pourquoi n'emploierait-on pas dans les palais impériaux

et dans les monuments de l'Etat, les verres gravés par
ce procédé nouveau? Pourquoi l'invention du dix-neuvième siècle n'y viendrait-elle pas prendre sa place? Ce
procédé de gravure offrirait un nouveau champ aux œuvres des grands artistes, qui seraient chargés d'exécuter
les dessins décoratifs et peut-être même serait-ce un
moyen de les ramener à l'étude, à la pratique de l'ornementation, cette charmante et suave fleur des beaux-arts,
que fait naître le sentiment poétique et que féconde la
fantaisie.

L'exposition de M. Bitterlin présente des spécimens
de tous ses travaux : plafond en glace, fenêtre Louis XIV,
vitrail égyptien, vitrail style treizième siècle, fenêtre
style persan, glaces de différents styles, effets de moirés
à l'acide sur glace, effets de damas sur verre en masse,
etc. Je n'essayerai pas de tout décrire; mais pour donner une idée de ces splendides décorations, je dirai
quelques mots du plafond tout en glace, style grec, de
26 mètres de superficie.— Cette verrière est faite pour être
éclairée par en haut, soit au moyen du jour même, soit
à l'aide du gaz, comme le sont les plafonds des théâtres
du Cirque, du Lyrique et de la Gaîté, tous trois exécutés
pour la ville de Paris par M. Bitterlin. — L'idée princi-
pale de ce plafond est de représenter un *velum* s'enle-
vant dans un ciel pur et lumineux; l'ornementation
vient fournir à l'ensemble la richesse simple d'un motif
de style, ainsi que le comprenaient le Grecs. — Les têtes
qui occupent les coins de ce plafond sont celles des quatre saisons. — Je dois à M. Bitterlin de reconnaître qu'il
a parfaitement rendu la transparence de l'air, la légèreté d'un voile brodé, les délicatesses et les forces d'un
ornement à son *plan*, la précision d'une architecture de
premier ordre, et que les figures des saisons, d'une touche
un peu heurtée, sont d'un modelé simplement décoratif.

Ce plafond est une véritable étude de gravure fluorhydrique. On apprécie, en l'examinant attentivement, les
ressources de tons différents qu'offre l'emploi judicieux
des gravures cristallines : elles sont tour à tour bril-
lantes, limpides, demi-teintées, sourdes, d'une dégrada-
tion qui peut aller aussi loin que possible et d'une précision telle qu'elles ne donnent lieu à aucune confusion
dans le rendu d'un carton très-achevé.

Je ne passerai pas non plus sous silence une glace de
3 mètres 50 sur 2 mètres; sujet allégorique réunissant
les noms des souverains qui ont contribué à l'édification
du Louvre, car il me semble qu'elle est la pièce capitale
de l'exposition Bitterlin; je suis même porté à croire
que cet artiste a eu la pensée qu'elle pourrait être placée
au Louvre, à titre d'essai, et c'est aussi mon opinion. Ne
présente-t-elle pas toutes les qualités propres à l'emploi
monumental : la sévérité, la noblesse et la beauté de la
matière? Pourquoi ne l'appliquerait-on pas en grand à
la fermeture des jours du nouveau palais, dans les esca-
liers ou à la séparation de ses immenses salles?

Le sujet de cette glace s'explique de lui-même : sur
un soubassement de bon style, reposent les écussons
des Charles, des Henri, des François et des Louis; de
chaque côté sont groupés des momies, des casques, des
amphores, des monuments, des collections égyptiennes,
grecques, romaines, de la Renaissance et du musée
Campana; le génie de la France rayonne au centre; l'ensemble se termine par l'écusson impérial supporté par
des aigles aux ailes étendues; le manteau des Césars se
déploie dans l'air, retenu par des liens qu'agite le vent...
Je m'associe entièrement aux conclusions du rapport
que M. Lenormand présentait, en 1858, à la Société des
architectes et dans lesquelles il déclarait que les procédés de gravure à l'acide fluorhydrique employés par

M. Bitterlin *offrent de précieuses et nouvelles ressources à l'architecture décorative.* Ces procédés constituent un *art éminemment industriel.* Ils méritent d'être encouragés et je regrette de n'avoir pu dans cette rapide revue leur consacrer de plus amples développements ; le succès que leur ménage l'avenir me paraît toutefois assuré par ces temps de transformation mobilière, où chacun de nous apporte tant de coquetterie dans la parure de sa demeure, où les villes dépouillent entièrement les toilettes du passé pour quelque élégance nouvelle, où le siècle tout entier est à l'affût d'une invention qui le différencie du siècle qui l'a précédé.

Signé : Comte H. DE VIEL-CASTEL

LE MONDE ILLUSTRÉ

Du 19 Décembre 1863.

Ceux mêmes qui ne savent rien voir auront remarqué, à l'extrémité de la grande nef du Palais de l'Industrie, un édifice à jour sur ses quatre faces, que fermaient des verres curieusement et magnifiquement travaillés. Ce salon couvrant 80 mètres de surface était l'exposition de Paul Bitterlin, peintre et graveur-verrier ! Je ne sache pas qu'on ait rien fait de plus splendide. Un plafond grec tout en glace, de 26 mètres, gravé ; une fenêtre Louis XIV gravée et peinte ; une autre dans le goût persan, émaillée et gravée ; un vitrail égyptien gravé sur les deux faces avec rapport d'émaux ; deux glaces gravées, dont une, monumentale et superbe, donnant à

lire, comme une histoire, les noms et les emblèmes
royaux et impériaux des constructions du Louvre, etc.
Un monde entier, enfin, d'art et d'industrie en verre.
Voilà ce que nous montrait ce hardi jeune homme, après
l'avoir obtenu au péril de ses membres et de sa vie.

Grâce à ses rapports intimes et charmants avec la
lumière, le *verre*, mieux que toute autre matière, se
prête aux effets de la grande décoration. Les anciens
graveurs n'avaient que la roue, procédé innocent et
pauvre, aux produits limités, plats, peu préférables au
verre nu, cela ne répondait pas à la richesse croissante
de nos besoins. Des chimistes, au commencement de ce
siècle, avaient bien trouvé l'acide fluorhydrique, le seul
qui décompose le verre, mais ce corrosif épouvantable
était resté sans emploi industriel, comme trop dangereux à préparer et positivement mortel à manier, car les
tissus organiques qu'il touche sont aussitôt détruits. C'est
le chancre et c'est la foudre. Mais avec quoi n'ose pas
jouer l'audace productive de l'homme ? Paul Bitterlin est
un de ceux qui, en France et en Angleterre, sont par-
venus, dans ces dernières années, à maîtriser ce terrible
mordant : il est le *premier* qui ait su l'amener aux merveilleuses obéissances que voici : aujourd'hui, c'est toute
une *décoration nouvelle* qu'il possède, et ses essais ont
leur date historique, établissant à la fois priorité et
propriété. Nul ne saurait se plaindre d'avoir été lésé par
lui ; ses concurrents, au contraire, pourraient se louer de
sa générosité. C'est la vraie force à notre avis. Si nous
nous trompons, qu'on nous le prouve, et nous le recon-
naîtrons aussitôt.

Cette grande gravure sur verre, impérissable autant
que la matière, serait dans les palais une naturelle illu-
mination ! Figurons-nous la galerie d'Apollon éclairée
par de tels ajours et le burin fluorhydrique de M. Bit-

terlin gravant sur la glace de Saint-Gobain des cartons de Raphaël.

Prenons pour type son plafond. C'est d'une légèreté qui semble flotter et d'un effet qu'on ne saurait dire. Tour à tour éclatantes, limpides, mollement dégradées ou presque sourdes, ces gravures cristallines fournissent à l'œil tous les régals, à l'esprit toutes les satisfactions. Appliquons-les, par exemple, aux grandes baies d'un rez-de-chaussée, vous verrez comme en jouiront et y gagneront, harmonisés et complétés par elle, les marbres, la pierre luisante, la céramique, la ferronnerie d'art, les bois sévères, préface simple et nécessaire des magnificences supérieures. — Adieu pour toujours à la glace sans tain, au verre mousseline, aux persiennes et aux stores!

Si à cette gravure, blanche, si savamment modelée, nous ajoutons la couleur des émaux, les applications et superpositions peintes, à quels délicieux décoratifs ne parviendrons-nous pas?

Voyez la fenêtre Louis XIV, chargée de gravures argentines, que le soleil métallise et diamante, avec rehauts d'émaux bleus et jaunes vitrifiés à la moufle, et entourage de filets noirs, les seuls que le dix-septième siècle connût! — Voyez ce chef-d'œuvre de difficultés vaincues qui s'appelle le vitrail égyptien en feuilles de verre rouge plaquées sur verre blanc, travaillées patiemment et savamment au point de produire une gamme chromatique commençant au cramoisi et finissant au rose de la chair, pour ensuite s'éteindre dans le blanc pur. — Ou encore cette religieuse grisaille du treizième siècle en demi-tons plaqués: ici, la gravure règne en souveraine; elle produit à la fois le dessin et les nervures sur fond incolore et le dessin en demi-teintes sur fond de couleur; quand le soleil vient animer et faire vivre ces procédés nouveaux et charmants, l'âme se sent monter comme à quelque chose de céleste.

La fenêtre persane est une autre invention! Plus de verres plaqués. L'artiste a pris un verre blanc émaillé de jaune au feu : puis, au lieu de superposer de nouveaux émaux pour produire le dessin et donner l'opacité nécessaire, il a maté les feuilles à l'acide et enlevé l'ornement en demi-teinte sur l'émail lui-même : ce qui fait chatoyer les réserves comme des pierreries. Un art admirable en vérité!

Un autre vitrail du treizième siècle pose et résout le problème suivant : « Orner de vitraux de couleur les « parties les plus basses, conséquemment obscures, d'une « église avoisinée par des murailles, comme Saint-Roch « à Paris. » C'est à des fenêtres d'un blanc sale que les fabriciens ont demandé jusqu'ici la lumière blafarde et malade de leurs bas côtés. Voici un nouveau système approprié décorativement à des rinceaux en relief qui portent un jour superbe autour d'eux.

Et combien de belles verrières encore! Mais finissons, car les autres seraient jaloux.

AUGUSTE LUCHET.

MONITEUR UNIVERSEL

Du 14 Décembre 1863.

Après la lutte, la victoire; après la victoire, les lauriers! Nous ne donnerons ce soir que les *grandes médailles d'or* qui ont été décernées à :

MM. Manguin, l'architecte artiste justement célèbre, etc.

Carrier-Belleuse, le sculpteur gracieux et fécond, etc.

Paul Bitterlin fils, qui, par sa splendide exposition de glaces gravées à l'acide fluorhydrique, a révélé un art décoratif nouveau aussi bien pour nos palais que pour nos demeures particulières.
Plus cinq autres noms.

La proclamation de ces récompenses a été saluée par de vifs bravos qui, tout en félicitant les artistes, s'adressaient aussi en signe de reconnaissance à l'Impératrice, donataire de cette récompense hors ligne.

PAUL DALLOZ.

L'EUROPE ARTISTE

« Céramique. » — La grande médaille d'or a été décernée à M. Paul Bitterlin fils.

CHARLES DESOLME.

LE SPORT

Du 29 Novembre 1863.

Nouvelle décoration en gravure sur verre !
Paris possède un continuateur et perfectionneur des maîtres verriers du Moyen Age et de la Renaissance, M. Paul Bitterlin fils, qui non-seulement peint mais grave sur verre et peut donner, à toutes les demeures dont la décoration lui est confiée, un cachet en harmonie avec le ton général de l'habitation.

Fenêtres Louis XIV, gravées et peintes sur glace, etc.
(Suit l'analyse des travaux exposés.)

Ne pouvant, dans un espace trop borné, entrer dans les détails techniques de l'œuvre considérable de M. Bitterlin, nous sommes du moins heureux de le féliciter aujourd'hui d'avoir ressuscité la peinture sur vitraux en la rajeunissant à l'aide des découvertes que la science moderne et ses propres études ont mises à sa disposition.

A. HERMANT.

Les *Débats*, le *Constitutionnel* et un grand nombre d'autres journaux importants ont consacré, en 1863, quelques lignes à l'étude de la gravure fluorhydrique de M. Bitterlin. Ces documents nous manquant, nous ne pouvons les reproduire ici.

LA RÉPUBLIQUE FRANÇAISE

(Extrait de la Revue scientifique du 29 septembre 1874)

GRAVURE A L'ACIDE FLUORHYDRIQUE

On sait que cet acide est, dans l'état actuel de la science, le seul qui attaque rapidement le verre et le décompose. La première trace d'application de cet agent chimique à la gravure sur verre remonte aux expériences faites par de Puymaurin, chimiste français, expériences citées par Diderot et d'Alembert dans l'*En-*

cyclopédie, et surtout aux indications plus précises fournies par Gay-Lussac et Thénard. Néanmoins, aucune tentative industrielle ne fut faite avant 1850, époque à laquelle les Anglais se servirent pour la première fois de l'acide fluorhydrique pour graver assez grossièrement sur le verre des lettres et des enseignes. En même temps, MM. Chance frères, de Londres, faisaient des essais de gravure au moyen d'un procédé de décalquage analogue à celui dont M. Maréchal, de Metz, a pris le brevet en 1853. Jusqu'à présent, les Anglais, qui ont au moins le mérite de l'initiative, n'ont fait faire aucun progrès à ce procédé primitif.

C'est vers cette même année 1853 que M. Bitterlin, qui devait porter si loin l'art de la gravure sur verre, tenta ses premiers essais de gravure à l'acide sur d'autres surfaces que des surfaces planes, et, se préoccupant surtout de rendre les valeurs d'un dessin, arriva à produire deux morsures distinctes par leur plus ou moins de transparence. Bientôt, en opérant sur des surfaces doucies ou dépolies, au lieu de s'attaquer au verre transparent, comme les Anglais, M. Bitterlin obtint quatre valeurs différentes qui lui permirent d'appliquer son nouveau procédé à l'ornementation.

Jusque-là le manque de planimétrie du verre, toujours un peu gondolé, ne donnant qu'un dépoli imparfait, M. Bitterlin était obligé d'employer la glace dont la surface bien unie permet à l'artiste d'opérer comme sur un papier tendu et d'obtenir en graduant l'acide diverses valeurs, partant un modelé, pourvu toutefois qu'il se rende maître de cet agent dangereux et peu maniable à cause de sa trop grande énergie. En 1858, M. Bitterlin était à peu près arrivé à ce résultat. De plus, il avait appliqué ce système à l'ornementation des surfaces courbes et des verres colorés.

Malheureusement, l'effet était encore imparfait, car, si l'on obtenait l'effet désiré sur des matières colorées, il n'en était pas de même sur le cristal blanc. En effet, contrairement à l'opinion commune des chimistes, l'acide fluorhydrique *ne dépolit pas* la surface du verre ni du cristal, et la gravure à l'aide de cet agent est loin de produire le mat parfait. Thénard avait du reste reconnu la justesse de cette observation fournie par la pratique, et l'on n'ignore pas que, sur les éprouvettes graduées à l'acide, on doit, pour qu'elles soient visibles, remplir le creux des graduations avec du blanc.

Certains livres de chimie prétendent, il est vrai, que l'on peut arriver par le fluorure d'ammonium à mater des surfaces polies; mais tous les essais tentés dans ce sens ont été infructueux : la surface du verre se décompose et se trouble, mais ne se dépolit point.

Cependant, M. Bitterlin avait perfectionné ses essais de modelage et mérité pour ses recherches et leur résultat la grande médaille d'or de l'Exposition de 1863; mais il était toujours obligé de doucir ou dépolir à l'émeri les glaces qu'il employait, et, de plus, il ne pouvait employer le verre, à cause du manque de planimétrie dont nous avons parlé. L'emploi d'une matière de choix et du travail à la main rendait donc encore la gravure sur verre très-coûteuse, lorsque cette même année, en même temps que M. Tessier du Motay communiquait à l'Académie un procédé qui repose sur l'emploi des doubles fluorures — excellent pour le cristal et les objets de petite dimension —M. Bitterlin découvrait de son côté un moyen de mater chimiquement le verre sur de grandes surfaces et, grâce à cette découverte, il lui était possible d'exécuter ses travaux de décoration avec modelé aussi facilement sur le verre que sur la glace. Ce procédé rapide et peu coûteux, dont l'exploitation a été

cédée à M. Lefebvre, remplace aujourd'hui complète-
ment le dépoli mécanique et a permis à l'art de la décoration sur verre de faire d'immenses progrès. Nous
avons été à même d'en voir la preuve à l'Exposition de
l'Union centrale, qui a lieu aux Champs-Elysées, où
M. Bitterlin a envoyé de très-remarquables spécimens
de sa gravure à l'acide fluorhydrique. L'Angleterre, la
Belgique et l'Autriche ne marchent maintenant que
bien après nous dans cette voie.

JOURNAL DE LA FABRIQUE

Du 26 Octobre 1874.

Il y a toute une mine féconde d'enseignements et de
jouissances pour l'esprit dans l'adaptation sérieuse de
l'art du peintre et du graveur verriers à l'ornementation
de l'architecture civile. M. Paul Bitterlin l'a compris,
lui qui a su approprier, avec un si grand style et tant de
délicatesse d'exécution, les élégantes recherches de la
gravure sur verre, et ses merveilleuses applications
d'émaux vitrifiés sur verre, à la décoration des appar-
tements.

Sa grande glace gravée, — entre-deux de salons, —
représentant l'Automne, est une des plus belles pages
d'ornementation mobilière que l'industrie vitrière ait pu
emprunter à l'art du graveur,

M. Paul Bitterlin se recommande surtout aux architectes par l'abondance et la variété de ses modèles de
décoration. Genre italien, style français des différents
siècles, style byzantin, style égyptien, style arabe et

mauresque, offrent chez lui des ressources d'ornementation prises tour à tour ou simultanément à la peinture, à la gravure ou à l'art si heureusement restauré par lui des applications d'émaux vitrifiés ou d'émaux rapportés.

M. Paul Bitterlin n'est pas seulement un artiste d'un rare mérite, il est aussi, et au suprème degré, un oseur et un progressiste enthousiaste.

Il faisait partie de cette imposante phalange des industriels-artistes français, les Barbedienne, les Christofle, les Cornu, les Denière, les Collinot, les Deck, les Laurin, les Parvillée, les Brocart, les Rousseau, qui ont soutenu avec tant d'éclat à Vienne la suprématie artistique de la France.

ALBERT DE LA FIZELIÈRE.

LE BIEN PUBLIC

Du 15 Novembre 1874.

EXPOSITION DE L'UNION CENTRALE DES BEAUX-ARTS APPLIQUÉS A L'INDUSTRIE. — ART APPLIQUÉ A LA VERRERIE ET A DIVERSES INDUSTRIES.

Les produits de la double industrie de M. Paul Bitterlin, la peinture et la gravure sur verre, sont également remarquables par leur perfection, par les progrès réalisés dans leur fabrication, par l'heureux choix des ornements qui les décorent.

M. Bitterlin a le premier appliqué industriellement les acides à la gravure sur verre. Il a produit d'abord la gravure à teinte plate et la gravure à deux teintes, imitées depuis. Il est enfin parvenu à donner à la gravure sur verre, par les acides, le modelé en demi-teintes, des plus belles estompes. Ce résultat est obtenu en plaçant sur le verre des acides de nature différente qui le rongent plus ou moins profondément suivant leur force corrosive. Les deux glaces gravées sur transparent, et surtout le grand entre-deux de salon représentant l'Automme, égalent, par la finesse des ciselures, la pureté du trait, la variété, le parfait modelé des tons, les plus belles gravures à la pointe de diamant, tandis que leurs dimensions bien supérieures permettent d'en faire une utile application à la décoration architecturale.

Les procédés employés par M. Bitterlin, pour sa peinture sur verre, sont ceux de tous les peintres verriers ; ceux dont s'est servi M. Lorins, de Chartres, pour la décoration du grand et beau vitrail en hauteur, placé près de la porte de sortie, et qui fait, à juste titre, l'admiration des visiteurs de l'Exposition. Mais M. Bitterlin a su donner à ses vitraux colorés une variété de tons, de nuances, un éclat, une richesse de décors, qui font de sa peinture sur verre un art nouveau. Ses grisailles sur fond transparent, ses carreaux rouges ou roses dans la masse, décolorés par les acides, nuancés par les émaux rapportés et vitrifiés ; ses ornements de styles divers, égyptien, byzantin, arabe, Renaissance, Henri II, Louis XVI ; ses fleurs et ses imitations de tapisseries avec émaux colorés ; ses gracieux lambrequins, nuancés de jaune sur fond rouge ; toute son exposition, ses verres gravés comme ses verres peints, tout nous semble parfait dans le détail et dans l'ensemble. La beauté et l'utilité des produits de ces deux industries, destinées à prendre une place de plus en plus importante dans l'ornementation intérieure et extérieure des habitations particulières et des édifices publics, ont certainement attiré l'attention du jury, et semblent désigner d'avance M. Bitterlin pour la seule récompense qu'il n'ait pas encore obtenue.

LE CONSTITUTIONNEL

Du 4 Décembre 1874.

Si la réputation de M. Paul Bitterlin a l'éclat du verre, sur lequel il exerce son habileté rare, on peut dire qu'elle n'en a pas la fragilité.

Des succès nombreux et toujours grandissants l'ont singulièrement consolidée.

M. Bitterlin, en effet, exposait à Londres en 1862, et les premiers spécimens de sa gravure modelée, dont le relief était une véritable nouveauté dans le monde industriel, firent tout à la fois l'étonnement et l'admiration des connaisseurs.

Ceux qui savent juger les hommes et les œuvres durent comprendre ce jour-là qu'ils se trouvaient en face d'un véritable inventeur. M. Bitterlin était bien décidé à ne pas marcher dans l'ornière battue.

En 1863, l'exposition des Beaux-Arts appliqués à l'industrie fut pour l'infatigable travailleur l'occasion d'un nouveau triomphe. Les hommes compétents saluèrent en lui le régénérateur du vitrail, et il obtint, comme récompense de ses efforts et comme marque de sa supériorité, la grande médaille d'or.

L'Union centrale des Beaux-Arts appliqués à l'industrie lui decerna de nouveau la même distinction en 1865.

Deux ans plus tard, à cette Exposition universelle de Paris, qui laissera une date ineffaçable dans l'histoire des arts et de l'industrie, M. Bitterlin obtient la plus haute des récompenses réservées à sa classe.

Enfin, à l'Exposition universelle de Vienne, en 1873, il obtenait tout à la fois une médaille de progrès et une médaille de mérite, c'est-à-dire qu'il voyait proclamer en même temps et le mérite absolu et la valeur relative de ses beaux travaux.

Ses grandes œuvres décoratives sont, du reste, aujourd'hui partout.

C'est à lui que nous sommes redevables de ces beaux plafonds lumineux si fort remarqués dans les nouveaux théâtres de Paris : le Châtelet, le Vaudeville, la Gaîté, le Théâtre-Lyrique.

Il est également l'auteur du grand dôme du palais récemment élevé à nos juges consulaires. On le retrouve, du reste, à l'étranger comme en France : à la Chambre des pairs à Lisbonne, au Sénat et à la Chambre des députés de Belgique, dans la salle des délibérations du conseil provincial qui siége à Bruxelles, partout enfin où il y a de grandes installations en verre ou en cristal, sollicitant le concours d'une main habile et puissante.

Jusqu'en 1868, M. Bitterlin avait été obligé de recourir pour ses mattages à l'emploi des moyens mécaniques qui lui offraient plusieurs inconvénients graves. Il ne pouvait obtenir par ce moyen le décor sur fond transparent sans cerner son dessin par un trait de gravure, procédé toujours un peu brutal et qui nuisait singulièrement à l'effet artistique de ses compositions.

Toute une série de travaux était même rendue impossible par ce procédé. Il a donc fallu en chercher un autre. Mais c'est surtout, paraît-il, aux inventeurs qu'il a été dit : Cherchez et vous trouverez! M. Paul Bitterlin

a cherché et a trouvé. Il possède aujourd'hui, et il met
en pratique un procédé dont l'efficacité, prouvée par de
merveilleux exemples, est aujourd'hui reconnue de tous,
et qui lui permet d'obtenir directement la gravure sur
un fond transparent. Amélioration considérable à l'aide
de laquelle on peut tout rendre sur le verre et sur le
cristal ! — qui obéit au burin comme l'acier lui-même.

L'agent chimique dont se sert M. Paul Bitterlin pour
arriver à ces importants résultats est l'acide fluorhydrique, qui agit sur le verre en décomposant instantanément l'acide silicique que celui-ci contient. Les difficultés que l'on rencontre dans la préparation de l'acide
fluorhydrique et les dangers qu'offre son emploi avaient
longtemps retardé l'application si heureuse qu'en fait
aujourd'hui M. Bitterlin. On sait, en effet, que ce terrible
destructeur désagrége avec une irrésistible puissance les
tissus organiques avec lesquels il se trouve en contact.
Mais, à force de soins, de travaux et de recherches,
M. Bitterlin est arrivé à s'en rendre maître, à dominer
et à régler son empire.

Remportant ainsi un des plus beaux triomphes qu'ait
obtenus la science moderne, il a pu faire de ce redou-
table ennemi de l'homme un de ses plus dociles servi-
teurs, un de ses plus utiles auxiliaires. Il est bien certain,
en effet, que c'est à l'acide fluorhydrique que nous
sommes redevables de ces admirables décorations qui
nous rendent, non pas seulement les formes extérieures
des choses, et pour ainsi parler, leurs lignes envelop-
pantes, mais encore leur relief et leur modelé.

Grâce aux complicités obéissantes de la lumière asservie
qui lui permet de donner plus au moins de transparence
à sa composition en augmentant ou en diminuant à son
gré le poli ou le grenu du verre, M. Bitterlin s'est mis à
même de rendre avec une irréprochable justesse l'effet

des compositions les plus difficiles et les plus compliquées.

On me croira sans peine quand j'aurai dit qu'avec cette gravure savante et si admirablement variée dans ses intensités différentes, l'habile inventeur, tout en restant dans sa gamme blanche et brillante, peut obtenir sur la même glace jusqu'à dix-huit tons différents !

Le verre gravé ou coloré a été de tout temps considéré comme un moyen décoratif des plus précieux pour les édifices publics ou particuliers, églises, palais, hôtels ou châteaux.

Tous les monuments du Moyen Age et de la Renaissance sont là pour l'attester !

Notre époque, si curieuse de luxe intérieur, si empressée à rechercher tout ce qui peut embellir la demeure de l'homme, ne pouvait oublier le parti que nos ancêtres avaient su tirer du verre.

Malheureusement les premiers essais avaient été tentés avec beaucoup de légèreté, et sans cet esprit de discernement et ce goût judicieux qui doivent présider à toutes choses. On s'est imaginé que les vitraux de nos vieilles cathédrales et de nos anciens palais, tels que les avaient compris ces hommes d'un grand talent, et qui furent de véritables artistes en leur temps, Levieil, Pinaigrier, Félibien, Jacques de Haroi, vitraux si parfaitement appropriés aux monuments pour lesquels ils avaient été conçus et exécutés, conviendraient à nos demeures modernes, dont les proportions sont tout autres, le style tout différent et l'ameublement d'un caractère que ces grands artistes n'avaient aucun moyen de prévoir, auquel, par conséquent, ils ne pouvaient davantage songer à conformer leurs travaux décoratifs. On a cru, et ce fut là une erreur grave, que le même vitrail qui faisait un si splendide effet à l'extrémité de la longue nef d'une cathédrale gothique, serait également à sa place dans le kiosque d'un jardin anglais, ou dans la salle à manger d'une maison du parc Monceaux. C'était là une grave erreur ; on l'a vu bientôt. Cette erreur, M. Bitterlin ne l'a jamais commise, et cette question de l'appropriation de l'accessoire au principal, du décor au monument, est une de celles dont il s'est toujours et le plus justement préoccupé. Travaillant pour les modernes, il s'est dit avec beaucoup de justesse que, tout en cherchant le style qui seul donne leur raison d'être aux œuvres de l'art, il fallait que ce style fût moderne. Il a donc, le plus souvent, donné la préférence à la gravure sur la couleur. La gravure, avec ses transparences que rien n'altère, ses jolis tons argentins et diamantés, ses passages du ton majeur au blanc pur, en suivant une gamme chromatique de nuances délicatement fondues, avec ses mille détails ingénieux, pris dans la nuance même du verre et arrivant à l'harmonie sans jamais tomber dans l'obscurité, la gravure offre à l'artiste qui sait s'en servir, à l'architecte qui sait l'employer, des ressources presque infinies.

Il ne faut pas croire, cependant, que la préférence qu'il accorde à la gravure et le parti qu'il en sait tirer rendent M. Bitterlin insensible au charme de la couleur. Loin de là !

Tout ce que l'on peut dire, c'est qu'il l'emploie avec réserve et discrétion ; mais il l'emploie.

L'émail qu'il rapporte ainsi sur le verre blanc ne donne lieu chez lui qu'à de petites applications légères et partielles, qui se détachent non sans grâce d'un fond pointillé qui rompt en quelque sorte la matière colorante, la subdivise et la fait chatoyer comme un écrin de pierreries entr'ouvert, sur lequel tomberait un vif rayon

Quand, à ces gravures argentines que le soleil métallise en leur donnant des scintillements diamantins ou des lueurs opalines, s'ajoute encore le rehaut des émaux bleus et jaunes entourés d'un léger filet noir ; quand une feuille de verre rouge, appliquée sur verre blanc, nous fait, à l'aide d'un savant et patient travail descendre de l'ardent cramoisi jusqu'à la fraîcheur rosée des chairs, pour arriver jusqu'au blanc pur ; quand sur un verre blanc émaillé de jaune, on permet à l'oxyde d'enlever le décor en demi-teinte, de façon à faire chatoyer les réserves comme des topazes brûlées, embrasant le verre de lueurs incendiées, on comprend que l'on se trouve en présence d'un art aussi admirable qu'il est nouveau, et l'on ne s'étonne plus du parti qu'en savent tirer aujourd'hui des architectes vraiment habiles.

Que l'on se borne, en effet, aux simples gravures, si admirables d'ailleurs et si puissantes de ton dans leur monochromie, que nous présente M. Bitterlin, ou que l'on ait recours aux vives colorations que lui fournissent les émaux quand il lui plaît de s'en servir, il est toujours aisé de voir que l'on est en face des œuvres d'un maître, et qu'une richesse nouvelle vient de s'ajouter au trésor déjà si grand des arts décoratifs.

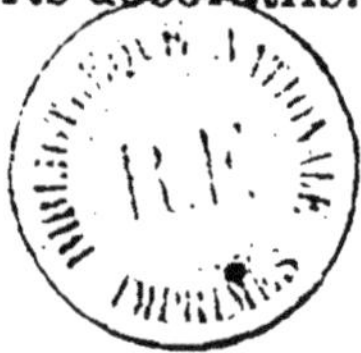

LOUIS ENAULT.

M 1372

IMPRIMERIE DE A. POUGIN, QUAI VOLTAIRE, 13, A PARIS

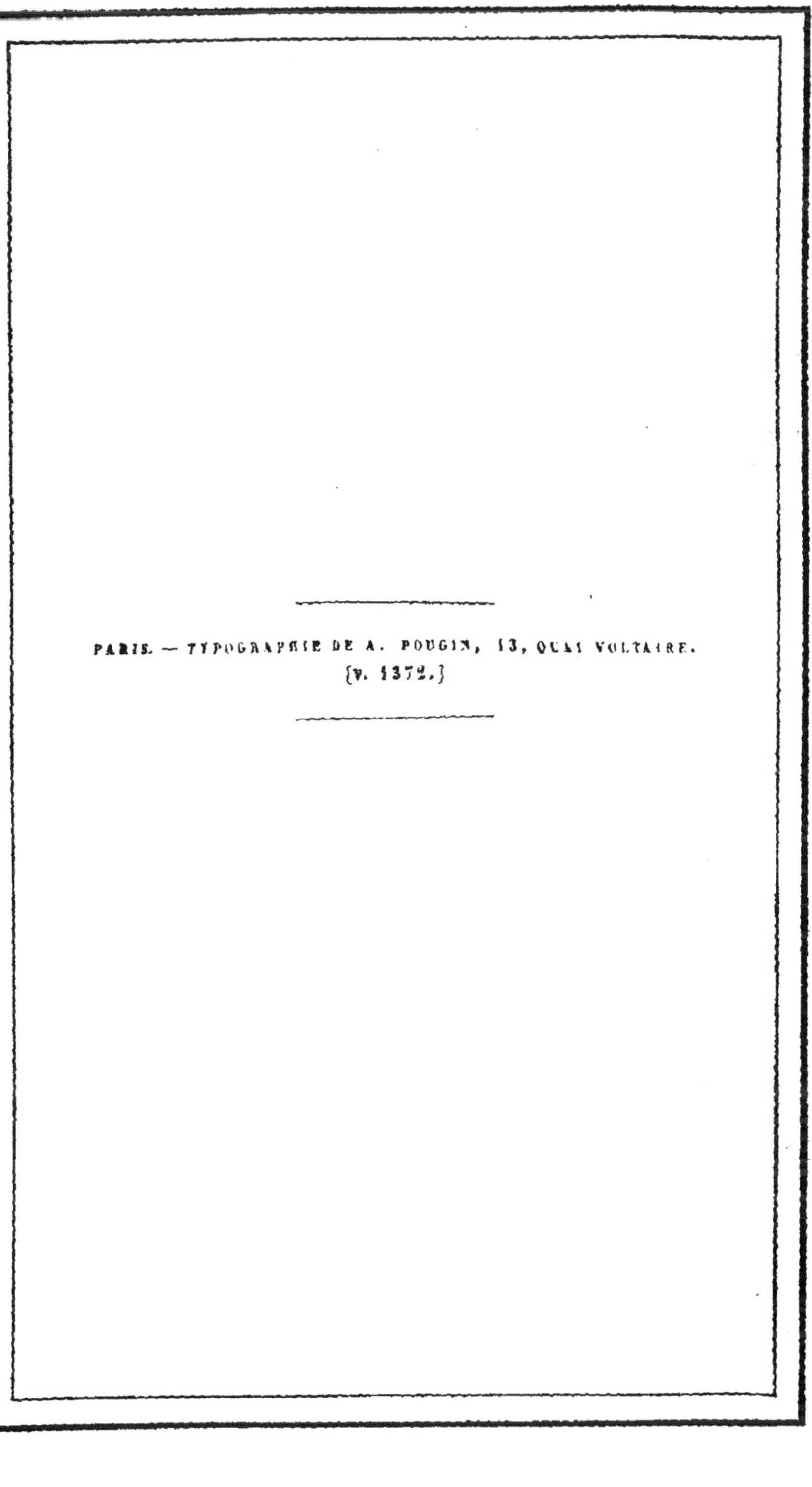

PARIS. — TYPOGRAPHIE DE A. POUGIN, 13, QUAI VOLTAIRE.

[V. 1372.]